OS UNICÓRNIOS SÃO SERES MITOLÓGICOS.

ELES VIVEM EM UM MUNDO MÁGICO.

REPLETO DE PAZ E ALEGRIA!

SÃO SERES REPLETOS DE AMOR...

DE PUREZA E DE MAGIA.

ELES HABITAM NOSSOS SONHOS E IMAGINÁRIO.

SÃO SERES QUE VIVEM EM HARMONIA
COM TODA A NATUREZA.

ELES ANDAM SEMPRE JUNTOS...

E ACREDITAM NO PODER DA AMIZADE!

DIZEM QUE SEU CHIFRE TEM PODERES MÁGICOS.

OS UNICÓRNIOS AMAM A NATUREZA!

À NOITE, OS UNICÓRNIOS ILUMINAM O CÉU COM SEU CHIFRE MÁGICO, CRIANDO ESTRELAS CADENTES E AURORAS COLORIDAS.

OS UNICÓRNIOS SÃO MUITO SÁBIOS.

ELES ADORAM DOCINHOS!

QUE AMOR!

OS UNICÓRNIOS ENCHEM NOSSAS VIDAS
COM FELICIDADE E MARAVILHAS.